AF561925

Le Drapeau
de la France

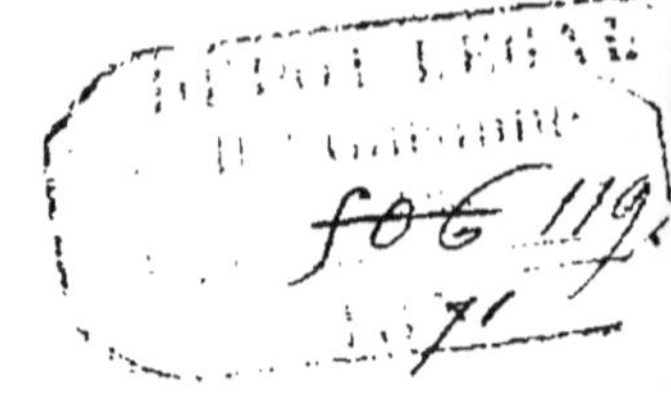

LE DRAPEAU DE LA FRANCE

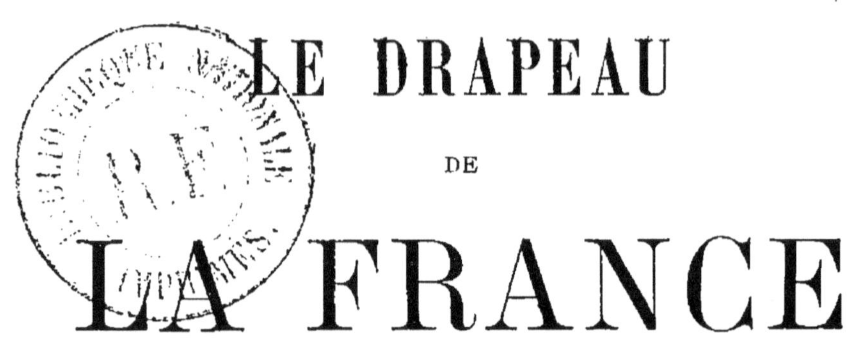

LE DRAPEAU
DE
LA FRANCE

Par M. X....

L'homme s'agite et Dieu le mène.
(FÉNELON.)

L'ardent amour que je porte à mes sujets me fait trouver pour eux tout facile et honorable.
(Paroles d'Henri IV aux notables de son royaume.)

TOULOUSE
IMPRIMERIE L. HÉBRAIL, DURAND ET Ce
Libraires-Editeurs
5, rue de la Pomme, 5.

JUILLET 1871

PRÉFACE

A présent que la profonde émotion causée par le manifeste de M. le comte de Chambord est un peu calmée, que les passions des divers partis s'assoupissent, l'heure est venue de porter dans ce grand débat l'impartialité et les lumières de l'histoire. L'étude, dont nous livrons les résultats au public, a été entreprise sans idée préconçue, avec la ferme intention d'en subir toutes les conséquences. L'historique des deux drapeaux nous était aussi imparfaitement connu qu'il l'est encore de la plupart de nos contemporains. Nous ne cacherons pas notre heureuse surprise, en découvrant, comme seul vrai drapeau de la France, ce drapeau blanc, objet de tant de calomnies, et qui pourtant, s'il est possible, est plus encore le drapeau de la nation que celui de la royauté.

Les détails que nous avons donnés sur la dîme, sur la corvée et autres spectres du vieux temps, sont surtout pour les classes laborieuses, trop occupées pour pouvoir puiser elles-mêmes aux sources historiques. C'est aussi pour elles que nous avons réfuté les erreurs répandues dans les campagnes, bien que des plumes mieux autorisées les aient déjà combattues. On ne doit point craindre de redire la vérité puisqu'on ne se lasse pas de répéter le mensonge.

Nous invitons nos lecteurs à propager cette brochure ; elle peut, en éclairant les esprits, faciliter le triomphe du droit, hâter le rétablissement définitif de l'ordre, contribuer enfin à rendre à la France son honneur national et la prépondérance qui lui serait si nécessaire en face des événements qui s'accomplissent en Europe.

LE

DRAPEAU DE LA FRANCE

I

CONSIDÉRATIONS SUR LE MANIFESTE

Lorsque, sans être attendu, un astre paraît au firmament, grand est l'émoi parmi les savants : les écoles se divisent, les opinions se multiplient; chacun veut savoir la forme, la grandeur, la constitution de l'étoile nouvelle ; chacun surtout veut lui assigner sa mission, dire d'où elle vient, connaître le phénomène qui l'a produite. Ainsi s'explique l'émotion qu'a causée le manifeste de M. le comte de Chambord : noble et pure étoile qui, du sein des brouillards politiques, a surgi au ciel de la patrie et l'éclaire d'un jour nouveau et lumineux.

En sentant son sol frémir sous les pas du fils de ses rois, la France entière a tressailli. A l'apparition de ce revenant de l'exil, qu'on lui avait dit perdu à jamais pour elle, son cœur a retrouvé des battements d'un autre âge. Cette voix royale, depuis longtemps oubliée, a réveillé les vieilles fibres nationales, et le pays est partagé entre la *surprise*, la *crainte* et l'*espoir*.

I. — La surprise.

Mais pour affirmer son droit et planter si fièrement son drapeau sur la terre française, en découvrant au peuple les bienfaits qu'il porte dans ses plis, le moment était-il opportun ? On le conteste ; nous, au contraire, nous le croyons bien choisi.

En effet, quelle est la situation du pays? Les dernières élections nous l'ont révélée. L'abnégation prolongée des monarchistes a servi leurs ennemis ; ceux-ci veulent fonder sur les vertus de leurs adversaires un ordre de choses qui, sans cet appui, ne saurait durer un instant.

Tentative folle et coupable, qui attirera sur notre pays de nouveaux malheurs. Comment ne pas voir que les républicains épient le moment de repousser la main qui les a comblés et de revendiquer, comme leur droit légitime, la conduite de la République.

Mais, dit-on, le gouvernement provisoire a sauvé le pays et fait renaître le travail. Pourquoi, dès lors, désirer autre chose, se jeter dans des luttes nouvelles, courir à la poursuite de chimères monarchiques ? Ne vaut-il pas mieux soutenir ce gouvernement et l'homme qui le personnifie ? Tels sont les sentiments qui ont prévalu dans les dernières élections ; on a cru conjurer ainsi une lutte inévitable, qui sera d'autant plus terrible qu'elle aura été plus comprimée.

Depuis vingt ans, habituée à se courber et à servir, la France, en envoyant à l'Assemblée nationale des représentants qu'elle croyait agréables au gouvernement, a donné une nouvelle preuve de son besoin de paix, de son esprit de soumission et aussi, hélas ! des progrès de son égoïsme. Dans le courant des événements qu'a traversé notre siècle matérialiste, la conscience publique a perdu ses assises. « Le succès seul est estimé, le vil succès d'un jour, d'un moment. Il inspire aux âmes les plus honnêtes un respect involontaire. Résister longtemps et à fond leur paraît insensé et impossible. Nous ne connaissons plus ni les secrets du courage, ni les saintes joies du sacrifice, ni l'entraînement du danger noblement affronté pour une noble cause. Aussi le règne des impies est-il bien moins assuré que celui des lâches. Hélas ! c'est notre propre faiblesse qui est notre pire ennemie : c'est elle qui fait de l'honnête homme non plus seulement l'esclave involontaire, mais le docile serviteur, l'instrument et le complice du méchant. De tous les arts, celui qui a été le plus perfectionné parmi nous, c'est l'art de rendre les armes et de passer le col sous le joug. Nous vivons dans le siècle des concessions, des défaillances, des basses complaisances pour tout ce qui a l'apparence de la force. La peur est notre reine (1). » Et c'est elle qui a triomphé. Ne pas bouger, ne considérer que le présent, laisser à d'autres les soucis de l'avenir, telle est l'idée fixe de ces fous égoïstes, qui croient assurer leur sécurité en la faisant reposer sur un incident ou sur un homme, oubliant que les sociétés ne vivent que par les principes immuables de l'ordre et de la morale.

Ne demandez pas à ces hommes imprévoyants pourquoi ils restent sur une poutre branlante qui peut tomber d'un moment à l'autre et les précipiter dans sa chute ; ils vous répondraient :

— Peut-elle résister aujourd'hui ?

— Sans doute ; mais demain.....

— Oh ! demain, nous verrons !

Triste conséquence d'un égoïsme qui dévore nos âmes : chacun ne songe qu'à soi, il espère échapper au désastre, s'inquiétant peu que les autres en soient les victimes. Ce vil calcul a faussé les dernières élections, dénaturé la véritable opinion

(1) Montalembert, *Moines d'Occident*, Intr., ch. IX.

publique ; on s'imagine que la poutre branlante a été consolidée, et les craintifs et les triomphants crient, à l'envi, ceux-ci que la royauté est morte, ceux-là que la révolution est éteinte.

« On croit éteinte la révolution. C'est croire éteinte l'antique envie, que la Foi comprimait dans les âmes, que son départ a ressuscité.

« Les principes sont tombés des intelligences ; la vérité a perdu, en quelque sorte, la souche où elle se fixe en nous ; l'esprit est maintenant déformé par l'erreur, il est devenu inutile à lui-même. Pour rétablir la société, il faut rétablir la conscience de l'homme » (1).

Ce rétablissement de la conscience attendu de tous les hommes de bien, on en trouve le plus ferme espoir dans le manifeste de M. le comte de Chambord. Le prince ne pouvait choisir un moment plus propice pour accomplir ce grand acte, et on en a la preuve dans l'émotion étrange qu'il a partout produite.

Par son premier acte royal, Henri V, en rappelant ses droits, rétablit dans le monde moral, avec une autorité inattendue, l'honneur et la loyauté, ces qualités vraiment françaises. Et l'Europe voit aussi avec étonnement revivre ces vertus qui ont longtemps fait la gloire et la grandeur de la France, et qui semblent s'offrir de nouveau comme

(1) Saint-Bonnet, *De l'affaiblissement de la raison.*

une menace pour toutes les honteuses ambitions. Sans porter nos regards au-delà de la France, ne la voyons-nous pas depuis longues années la proie des hommes qui ont fait du mensonge la règle de leur vie, parce qu'il était le prix de leurs convoitises ou des espérances de leurs partis. Et l'on voudrait que ces hommes ne bondissent pas de rage en voyant leur échapper cette France que M. le comte de Chambord place au-dessus de tous les intérêts. Il faudrait pour cela ne connaître ni la puissance du mensonge, ni les insatiables désirs du cœur humain, rivé aux jouissances matérielles par des despotes qui lui ont enlevé toute croyance chrétienne.

La peur de l'Internationale est passée aujourd'hui à état de fièvre ; elle fait trembler toutes les honnêtes gens. Cette association n'est, en effet, qu'une lutte armée de ceux qui n'ont pas contre ceux qui ont : monstrueux enfantement de l'athéisme dans les masses. Les docteurs du jour enseignent au peuple qu'il n'y a pas de Dieu, qu'il n'y a pas d'âme, que le ciel est dans la possession de la richesse et l'enfer dans les privations de la pauvreté. Et ce besoin immense de bonheur qui fait le fond de la nature humaine, qu'aucune doctrine philosophique ne saurait satisfaire, en s'agitant dans le cœur du pauvre, privé du frein des croyances religieuses, le pousse à rechercher sans mesure ces jouissances terrestres devenues le but unique de sa vie et que des exemples journaliers et néfastes lui montrent atteint par le vice audacieux.

On ne saurait trop s'affliger des progrès de l'incrédulité. Le peuple a une logique redoutable, mais juste. Seule, la foi en ce Dieu qui a honoré la pauvreté en s'en revêtant, qui a choisi ses amis dans les conditions les plus humbles, peut lui faire accepter son infériorité. En lui enlevant ce sentiment, vous le remplacez involontairement par ce terrible dilemme :

— Pourquoi mon voisin est-il riche? pourquoi suis-je pauvre? qui m'empêche de prendre ce qu'il a? Les lois? Mais dois-je respecter les lois, œuvres du despotisme? Non: ou je les affronterai ou je les renverserai.

Et un jour arrive où le pauvre se rue sur le riche, et alors se produisent les grandes orgies de la *commune*.

On ne détruit un mal qu'en le coupant à sa racine : les déportations ne nous délivreront pas du fléau du socialisme; c'est une hydre redoutable; tranchez-lui une tête, il en naît une autre. Il n'y a qu'un remède efficace : Dieu rétabli dans la nation, et la morale régnant appuyée sur une juste et libérale autorité. Ce remède, Henri V l'apporte.

« Dieu aidant, dit-il, nous fonderons ensemble, et quand vous le voudrez, sur les larges assises de la décentralisation administrative et des franchises

2

locales, un gouvernement conforme aux besoins réels du pays.

« Ce sont les classes laborieuses, les ouvriers des champs et des villes, dont le sort a fait l'objet de mes plus vives préoccupations et de mes plus chères études, qui ont le plus souffert de ce désordre social.

« Mais la France, cruellement désabusée par ses désastres sans exemple, comprendra qu'on ne revient pas à la vérité en changeant d'erreur; qu'on n'échappe pas par des expédients à des nécessités éternelles.

« Elle m'appellera et je viendrai à elle tout entier, avec mon dévouement, mon principe et mon drapeau. »

Voilà donc ces nouveautés qui ne sont autre chose que les vieilles assises de la France; mais elles étonnent notre génération accoutumée à se passer de Dieu et d'honneur, à supporter périodiquement les éruptions du volcan révolutionnaire sur les pentes duquel elle s'obstine à demeurer.

Mais la surprise n'est pas le seul sentiment qu'ait excité le manifeste de M. le comte de Chambord; une crainte mal définie, et pourtant réelle, s'est emparée des esprits.

II. — La crainte.

Fier de son époque, l'homme de notre temps se plaît à la comparer aux âges précédents et se demande avec orgueil quel serait l'étonnement des hommes du grand siècle, s'il leur était donné de contempler la France actuelle. Eh bien! nous l'affirmons, ce qui les surprendrait le plus ce serait d'apprendre que la voix du roi éveille les craintes de la nation. Ah! c'est qu'alors le roi, bien connu de ses sujets, possédait leur affection. Le peuple n'accusait jamais le prince de ses malheurs; il s'en prenait à un ministre, à un favori. Pour renverser l'objet d'une haine souvent sans motif, il compromettait la paix de la capitale, parfois même la sécurité du royaume; mais il était tellement convaincu de l'amour du souverain pour ses sujets que, lorsqu'il se commettait des injustices, il avait coutume de dire : « Ah! si le roi savait! » certain qu'alors justice serait faite.

Le Roi! ce nom, objet de l'amour des Français, imposait aussi le respect à l'Europe. On disait le roi d'Angleterre, le roi des Espagnes, le roi de Hongrie, l'empereur d'Allemagne; mais en parlant du roi de France, on disait seulement : « le Roi! » Cela suffisait, nul ne s'y méprenait.

Aujourd'hui, la France, privée de son chef, est foulée aux pieds des nations.

Les Français ne savent plus ce que c'est qu'un roi ; depuis longues années déjà ils en sont privés, et la calomnie a habilement défiguré cette noble incarnation de la France.

« Mentez, disait Voltaire, ce prince des calomniateurs ; mentez, il en restera toujours quelque chose. » Les disciples ont suivi les conseils du maître, et la France ne sait plus se représenter un roi qu'entouré de grotesques et odieuses prérogatives.

Henri V, dit-on, n'a rien appris, ni rien oublié, et l'on sort des arsenaux de la révolution les vieilles machines de guerre : droits féodaux, noblesse, priviléges, dîme, corvée, que sais-je !...

Erreurs grossières et mensonges impudents, vieilleries toujours répétées avec la même mauvaise foi et toujours crues avec la même sottise. Sans doute, il est des choses qu'il faut oublier et d'autres qu'il faut apprendre. La vérité seule doit rester dans les esprits parce qu'elle ne change pas ; et c'est l'unique chose que la Révolution oublie, comme l'erreur est la seule science qu'elle acquière.

Le temps apporte dans les idées de continuels changements ; il enseigne, il donne l'expérience, la meilleure conseillère des hommes. Mais croit-on bénévolement qu'apprendre soit le privilége exclusif des peuples et que les rois n'aient pas su être de leur temps ? C'est une habitude dont on abuse aujourd'hui plus qu'à aucune autre époque que de déplacer les hommes de leur milieu historique pour leur prêter nos idées, et juger de leurs privations d'après le bien-être dont nous jouissons.

On oublie que le bonheur est chose relative et qu'on ne souffre point de l'absence d'un bien qu'on ignore. Chaque siècle a eu ses besoins et ses tendances : Clovis, Charlemagne, Louis VII, saint Louis, Louis XII, Henri IV n'ont pas gouverné de la même façon ; ils ont pourtant été de grands rois et ont eu l'insigne honneur d'avoir été pleurés de leurs sujets.

Non, les rois ne sont pas rivés au passé ; ils ont reçu de Dieu la mission d'être les pères et les tuteurs des peuples en modérant avec sagesse des aspirations qui, lorsqu'elles restent sans contrepoids, entraînent les nations dans des aventures où elles périssent fatalement. Un père a-t-il des idées rétrogades et surannées parce qu'il retient son fils au bord de l'abîme dont l'imprudent veut, avec l'insouciance de la jeunesse, sonder la profondeur au péril de sa vie? Hélas ! la France a repoussé la main paternelle qui voulait la soutenir et la guider dans ses généreuses tendances. Seule, livrée à elle-même, elle est devenue la proie des basses intrigues et d'un despotisme dégradant. Aujourd'hui elle se débat, impuissante à sortir du précipice où elle se meurt : son cœur lui crie d'aller à son père, mais l'orgueil lui persuade qu'elle peut elle-même guérir ses plaies et échapper, à la fois, à la tutelle et à la mort.

C'est au-dessus de cet abîme où agonise la France qu'Henri V a agité son drapeau et dit comme autrefois Henri IV : Ralliez-vous à ce symbole, il est toujours au chemin de l'honneur.

Le trouble a été grand ; habitué aux fourberies politiques des maîtres qu'il s'est tour à tour donnés, le peuple soupçonne la sincérité de ce langage loyal qui l'attire : il se demande si cette honnêteté ne cache pas des piéges. Triste temps, où les esprits désaccoutumés de la bonne foi ne savent plus croire à la franchise.

Profitant de cet état de choses, des hommes de mensonge parcourent les campagnes, dont ils redoutent par-dessus tout le bon sens.

« Le désintéressement, disent-ils, n'existe plus. Ce roi, qui prétend le posséder, l'a-t-il vraiment ? Ne voyez-vous pas dans les plis de son drapeau la dîme et la corvée qui pressureront le pauvre peuple ? »

En France, on se paie facilement de paroles, et les mots prennent la valeur que leur donne la passion. Il serait bon pourtant que le paysan sût enfin ce qu'en français veulent dire la dîme et la corvée.

La dîme a été établie par Charlemagne, afin de subvenir aux frais des guerres qu'il était sans cesse obligé d'entreprendre pour préserver ses Etats des invasions des barbares. Il n'avait ni troupes régulières, ni de quoi les payer; les volontaires qui formaient autrefois les légions franques devenaient rares. Charlemagne établit alors le service obligatoire pour tous; mais chacun voulut s'y soustraire. Les couvents invoquèrent leurs priviléges, non-seulement pour eux, mais pour tout serf ou colon établi sur leurs terres. Un grand nombre de propriétaires, préférant cette situation à l'état militaire, se donnèrent corps et biens à l'Eglise. Il fallut déclarer que ces terres nouvelles fourniraient des soldats. De même, d'autres se donnaient comme serfs aux comtes et aux seigneurs, à condition de conserver leurs biens sous leur suzeraineté; il fallut ordonner aussi que tout seigneur équiperait des hommes en proportion de son domaine. Ainsi, malgré l'esprit de la loi, la société se partage dès lors en deux classes, l'une de cultivateurs paisibles qui, pour ne pas servir, deviennent colons, serfs, fermiers, vassaux des couvents ou des seigneurs; l'autre, de guerriers puissants, fournissant des soldats, et faisant métier de la guerre. On le voit, par la volonté du peuple se préparait la féodalité, qui allait devenir une nécessité de sécurité personnelle et que nos rois mettront plus tard des siècles à détruire.

Outre les hommes, il fallait de l'argent, le nerf de la guerre. Les métaux précieux étaient rares, depuis les invasions des barbares, et d'ailleurs les Francs haïssaient les impôts en argent. Charlemagne, comme les Mérovingiens, en était réduit, ainsi que les seigneurs, aux revenus en nature de ses manoirs et de ses terres. Pour subvenir aux frais de la lutte contre les Sarrasins, Charles Martel avait pris et distribué, d'abord pour cinq ans, les biens des églises. Depuis, par égard pour la guerre sainte, contre les musulmans et les païens du Nord, elles avaient, de cinq ans en cinq ans, renouvelé ces titres, et, en échange, Charlemagne leur accorda de percevoir partout la dîme ou dixième partie des fruits de la terre, consécration d'un pieux usage déjà fort ancien et très répandu. Ainsi les impôts passaient par la main de l'Eglise pour être supportés, et, bien que dépouillée, s'il fallait des fonds pour une guerre imprévue, c'était encore elle qui les avançait (1).

La dîme tenait donc lieu d'impôt envers l'Etat. Si l'on pouvait revenir à ce système, il satisferait tout le monde; mais qu'on se tranquillise, nous n'en sommes plus à cette antique simplicité. L'argent est plus répandu, l'Etat a des besoins qu'il faut reconnaître, et, le voudrait-on, il serait impossible aujourd'hui de revenir à des impôts en nature.

D'un autre côté, personne en France ne tolérerait un gouvernement absolu ; une monarchie ne peut être désormais que constitutionnelle : c'est

(1) Keller, *Histoire de France*, t. I, liv. II.

ainsi que le comte de Chambord l'entend, et ce régime politique ne permet pas de supposer même la possibilité du retour à la dîme.

Le drapeau blanc ne rapporte donc aucune dîme; mais, en fait d'impôts, le drapeau tricolore, emblême de la République et de l'Empire, contraint l'Etat à demander tant de dixièmes que nos biens entiers finiront par y passer. Qu'on en juge par les nouvelles charges résultant de la dernière guerre, folie commune de l'Empire et de la République.

Quant à la corvée, ce n'était autre chose que la prestation due au seigneur, au lieu d'être exigée par la commune. Aujourd'hui seulement elle est générale; autrefois, les terres nobles en étaient exemptées (1). La loi du 21 mai 1836 a dit le dernier mot sur cette question; elle atteint indistinctement tous les citoyens, et, en laissant à chacun l'option d'un acquittement en argent, elle détruit radicalement l'ancienne corvée. S'imaginerait-on, sans rire, un propriétaire *quelconque* demandant d'autorité à un *voisin* qu'il répare sa maison ou son chemin? Que nos habitants de la campagne se disent, une fois pour toutes, qu'il ne peut plus y avoir en France de suzerain que la loi, et puis, placés sur ce terrain, qu'ils repoussent résolûment toutes les suggestions contraires.

(1) C'étaient les terres nobles auxquelles était attaché ce droit. Et où sont actuellement les terres nobles?

Cela nous amène à parler des priviléges de la noblesse dont nous menace, dit-on, le retour du drapeau blanc. Danger sérieux, paraît-il, puisqu'un député de la gauche a réussi l'autre jour à en parler sans rire. M. Princeteau, prenant ensuite la parole, s'est tourné vers la partie républicaine de l'Assemblée, et lui a porté ce défi :

« Qu'un seul de ceux qui répandent ces calomnies ose venir à cette tribune déclarer qu'il y croit. »

Pas un membre de la gauche n'a répliqué.

Ce silence suffirait, ce nous semble, pour faire justice des calomniateurs ; cependant nous insisterons.

Qu'est-ce que la noblesse? C'est l'illustration héréditaire du nom ; tous les peuples l'ont reconnue, y compris les républiques grecques et romaines, sans excepter les peuplades sauvages du Nouveau-Monde, et elle existera toujours. L'égalité sociale est une chimère dont on n'aurait qu'à rire si elle ne fomentait pas de dangereuses réactions ; jamais elle n'est plus violée que sous les communistes. Qui ne connaît les banquets de la dernière *Commune* de Paris, où ces farouches égalitaires avaient trois tables à trois étages différents, servies et ornées suivant le rang des convives. Ils confirmaient à leur insu cet aveu curieux d'un des leurs : « Si nous crions si fort à bas les riches, c'est pour les remplacer ; ce serait trop bête sans cela. »

Mais la noblesse à privilége où est-elle ? Je ne l'aperçois nulle part ; ses descendants sont morts ou s'absorbent dans l'aristocratie d'argent ou s'éteignent dans la pauvreté. Et les Berryer, les Guizot, les Thiers, les Nélaton, les Villemain et tant d'autres, ne sont-ils pas les égaux des rares descendants des nobles d'autrefois ? Qui ne le sait, à notre époque, les grands ce sont les riches, et ce mot d'un personnage de comédie, qui commençait à être vrai au siècle de Louis XIV : « Je suis seigneur suzerain de trois cents mille écus », est aujourd'hui une réalité incontestée. La puissance, c'est la richesse, et la richesse, comme le bonheur, est relative. Celui qui n'a pas ou a moins que son voisin est pauvre, et le voisin, si peu qu'il ait de plus, est riche. Aussi le socialisme menace tout le monde, le peuple ne s'y trompe pas et l'Internationale non plus. Ecoutons sa dernière circulaire :

« Nous ordonnons à tous nos membres de tous les pays d'attiser le foyer de haine et de vengeance que nous avons allumé contre la religion, l'autorité, les riches et les bourgeois. Bientôt nous aurons recours aux explosions violentes et terribles, qui se chargeront d'exécuter le système social existant, en abattant au besoin par la hache et le fusil tout ce qui est aujourd'hui debout dans l'ordre civil et religieux. » (13 juillet.)

Dans ces effrayantes menaces, il n'est pas question de noblesse : l'Internationale n'a pas l'habitude de se battre contre des moulins à vent ; ce sont les riches, les bourgeois, le clergé, c'est-à-dire la propriété, le capital, et surtout la religion, seule garantie de la famille et de la propriété, qu'elle attaque.

Qui possède aujourd'hui la terre? le paysan. Qui a en ses mains le capital? le travailleur enrichi, qui l'exploite, uni à d'autres travailleurs qui s'enrichiront à leur tour. Comment le peuple peut-il croire un instant qu'un roi puisse songer à lui enlever ces biens. Et pour les transmettre à qui? Les anciens propriétaires n'existent plus ; d'ailleurs il y a prescription. La Restauration a-t-elle rétabli la féodalité et ses abus? Il suffit pour s'en assurer et confondre le mensonge que le jeune homme interroge son père et que celui-ci rappelle ses souvenirs.

Non, qu'on le sache bien, un seul pouvoir menace l'ordre des choses actuel, c'est le socialisme triomphant, vers lequel nous allons à grands pas si nous ne nous hâtons de saisir la planche de salut que nous tend le comte de Chambord. Le socialisme seul peut arracher au peuple ses biens et ses libertés, parce qu'il a la force pour loi et pour agents le vol et la tyrannie.

Tel est l'horrible fantôme qui nous menace ; il deviendra une réalité, si l'on n'y prend garde, et non pas le moyen-âge, qui restera scellé dans son tombeau, quelque habiles que soient les communards à faire passer le Pirée pour un homme.

« Pas plus que l'homme, l'humanité ne recule et ne se retourne de l'âge mûr à la jeunese et de la jeunesse à l'enfance. Elle va en avant vers un but que Dieu lui montre ; mais en avant il y a deux chemins : l'un qui mène au port, et l'autre qui mêne aux abîmes. Nous sommes dans celui-ci et nous en voulons sortir (1). »

III. — L'espoir.

Oui, nous voulons sortir du chemin des abîmes, et c'est pourquoi le manifeste du 5 juillet a réveillé l'espoir de la nation.

« Par cette déclaration, le comte de Chambord a achevé de dissiper les derniers nuages qui obscurcissent, aux yeux d'un grand nombre, la réalité de sa mission ; et, tandis que beaucoup vont répétant qu'entre lui et le trône de France, il a creusé un infranchissable abîme, nous croyons, au contraire, qu'il a brisé les derniers obstacles qui l'en séparaient..... La France, avant tout, a besoin d'un homme. Mais elle a si bien perdu l'habitude d'en voir, qu'elle s'épouvante quand il lui arrive d'en rencontrer. Accoutumée à des caractères qui plient toujours, elle se demande si quelqu'un qui se tient

(1) *Le Monde*, 18 juillet 1871.

ferme et droit ne sera point brisé par le vent qui souffle, et trop élevé pour passer par la porte des institutions modernes (1). »

Non, il ne sera point brisé, car Dieu l'a revêtu de sa force ; la justice est son glaive, la liberté son sceptre, et, si la France veut s'appuyer sur ce sauveur que le ciel lui a ménagé, elle conjurera toutes les tourmentes révolutionnaires.

Pour entrer à la tête de son peuple dans nos institutions étroites, il en brisera les portes et reconstruira l'édifice de nos franchises sur des bases si solides et si larges, que la nation entière pourra s'y mouvoir, heureuse et libre, sans craindre qu'il ne croule comme les constitutions du despotisme.

C'est ce qu'entrevoit la France, et, malgré les calomnies dont on entoure le manifeste du comte de Chambord, c'est ce qu'elle en espère. Pour raffermir ses destinées ébranlées, il lui faut jeter des fondements solides : on ne s'appuie que sur ce qui résiste, et elle veut confier cette œuvre à un homme au cœur droit, à la volonté ferme et résolue.

Elle le demande à tous les partis ; ceux-ci, appauvris par vingt ans de servitude ou d'éloignement des affaires, ne peuvent le lui présenter, la Révolution la menace de ses énergumènes, la royauté seule le lui offre, et cet homme, qui est un principe, sauvera le pays ! Aussi, malgré la sur-

(1) *Le Monde*, 18 juillet 1871.

prise et la crainte, la France tourne vers lui un regard d'espérance ; le bon sens triomphe du mensonge, la nation se recueille, se souvient et se dit :

« Quel est donc ce roi dont les incendiaires de Paris et les hommes du 4 septembre nous font un épouvantail? N'est-ce point le descendant de saint Louis, ce grand monarque qui rendait la justice à ses sujets sous les chênes de Vincennes ?

« N'est-ce point le petit-fils d'Henri IV, le bon roi qui voulait que tous les paysans de son royaume pussent chaque dimanche mettre une poule au pot (1) ! Nous l'avons ce bien-être matériel ; le communisme voudrait nous le ravir, mais le fils de celui qui le premier nous l'a donné, saura bien nous le conserver.

« Henri IV prit le royaume dans un état plus triste encore qu'il ne l'est aujourd'hui ; la guerre civile l'avait déchiré et appauvri, et pourtant à la fin de son règne les villes étaient rebâties, les villages réparés, les routes rendues sûres, les impôts diminués, les caisses de l'Etat pleines de ses épargnes.

« Henri IV consultait son peuple dans les graves affaires. Un jour, sur le point d'entreprendre une

(1) M. Thiers, glorifiant l'ancienne politique de la France, appelle à ce propos Henri IV « le plus profond et le plus attrayant des hommes. » (Scéance du 22 juillet 1871.)

Le comte de Chambord, dès l'âge de huit ans, s'écriait : « Je veux être Henri IV second. »

guerre nouvelle, il assemble les notables de son royaume et, dans cette entrevue restée célèbre, il leur adresse ces mémorables paroles : « Je viens me mettre en tutelle entre vos mains; c'est un désir qui ne prend guère aux victorieux, ni aux barbes grises ; mais l'ardent amour que je porte à mes sujets, me fait trouver pour eux tout facile et honorable. »

Puis, en considérant, l'œil humide de regret, l'Alsace et la Lorraine se débattant sous les vexations et la tyrannie de l'Allemagne, la France se rappelle la première Restauration. La situation était la même, seulement la paix restait à faire. « En présence d'un million d'ennemis qui occupaient la France, et qui, au lieu de l'affranchir, prétendaient la réduire à l'impossibilité de jamais se relever, l'héritier de Louis XVI était seul capable de sauver l'indépendance nationale, sans laquelle la liberté n'est qu'un mot vide ; lui seul pouvait arracher son pays au sort de la Pologne. Il consentit à perdre la Savoie, Condé et Landau, dernières acquisitions de la République, à payer deux millards de frais de guerre ; mais quant à céder l'Alsace et la Lorraine, qu'Autrichiens et Prussiens avaient juré de reprendre, quant à abandonner une seule parcelle de la France de ses ancêtres, il préférait retourner en exil.

« Tandis que les alliés achevaient de se partager les dépouilles de la victoire, la France vaincue res tait ce qu'elle était jadis, ne gardant plus rien des spoliations iniques qui firent la honte de cette époque. Ses envahisseurs même se sentirent contraints de la respecter, en même temps qu'ils étaient obligés d'apaiser leurs peuples par des promesses de justice, de réparation et de liberté.

« Une ère nouvelle s'ouvrait où, malgré ses défaites, la France allait reprendre une paisible et juste influence, renouer en Grèce et en Algérie les traditions de sa véritable politique, et où l'esclavage des nègres, honte des peuples chrétiens, allait enfin disparaître de ses colonies.

« Au dedans, mêmes espérances. Par la modération inhérente au principe héréditaire, la nouvelle royauté promettait d'être douce et libérale... Ingénieuses combinaisons des pouvoirs, la charte semblait ouvrir un large champ à la discussion de tous les intérêts, à l'expansion de tous les talents... La nation se gouvernant elle-même dans une parfaite harmonie, n'était-ce pas là la liberté entrevue par Etienne Marcel, par l'Université, par les Parlements (1)? » Beau rêve, hélas! que la Révolution vint interrompre.

Telles sont encore les promesses d'Henri V. Il saurait replacer la France au premier rang des nations, la venger de ses défaites, la pacifier au dedans et la faire redouter au dehors. Bismark le

(1) Keller, *Histoire de France*, liv. VII.

sait, aussi a-t-il déclaré que jamais il ne tolèrerait le retour du comte de Chambord (1). Quel serait l'aveuglement du pays, s'il ne comprenait pas ce que vaut cette crainte dans le cœur de son mortel ennemi! Cela seul devrait suffire pour l'éclairer sur ses véritables intérêts.

Instruite par ses malheurs, affamée de sécurité et de repos, désireuse de rompre avec la Révolution, la France s'informait du dernier rejeton de ses anciens rois, apprenait à le connaître et son cœur s'élançait déjà vers ce prince qui lui promettait une liberté stable, une véritable prospérité et les garanties d'ordre nécessaires à la religion, à la

(1) Paroles de Bismark aux députés d'Alsace et de Lorraine : « La République, leur dit-il, vous la voyez à l'œuvre. Elle « enfante l'insurrection de 1871, comme elle l'a enfantée en « 1793 et en 1848.... La République est donc condamnée par « elle-même. Elle est impossible. Quant à la monarchie il y en « a deux. — Si la France se laissait aller à l'une sans l'autre, la « France serait déchirée par une coalition fatale des républi- « cains évincés et des monarchistes éliminés ; coalition qui « rendrait ce gouvernement aussi impraticable que le gouverne- « ment de la République. Reste la fusion. La fusion des deux « branches monarchiques, ajouta le prince de Bismark d'un ton « décisif qui frappa ses auditeurs, concentrerait autour d'elle « les intérêts conservateurs de la France, elle deviendrait une « force sociale avec laquelle nous aurions trop à compter, car « elle prendrait pour base la restauration de ce que la France « appelle sa nationalité. C'est là un des événements qu'en poli- « tique il ne faut pas attendre, mais prévenir. *Nous ne laisse- « rons pas faire la fusion. Ne parlons donc pas de cette éventualité « que nous ne souffrirons pas.* » (*Journal de Genève*, juin 1871.)

famille, à la propriété, quand a paru le manifeste, dont voici la partie controversée :

« Français !

« Je suis prêt à tout pour aider mon pays à se relever de ses ruines et à reprendre son rang dans le monde ; le seul sacrifice que je ne puisse lui faire, c'est celui de mon honneur.

« Je suis et veux être de mon temps ; je rends un sincère hommage à toutes ses grandeurs, et, quelle que fût la couleur du drapeau sous lequel marchaient nos soldats, j'ai admiré leur héroïsme, et rendu grâce à Dieu de tout ce que leur bravoure ajoutait au trésor des gloires de la France.

« Entre vous et moi, il ne doit subsister ni malentendu, ni arrière-pensée.

« Non, je ne laisserai pas, parce que l'ignorance ou la crédulité auront parlé de privilége, d'absolutisme et d'intolérance, que sais-je encore ? de dîme, de droits féodaux, fantôme que la plus audacieuse mauvaise foi essaie de ressusciter à vos yeux ; je ne laisserai pas arracher de mes mains l'étendard d'Henri IV, de François Ier et de Jeanne d'Arc.

« C'est avec lui que s'est faite l'unité nationale ; c'est avec lui que vos pères, conduits par les miens, ont conquis cette Alsace et cette Lorraine dont la fidélité sera la consolation de nos malheurs.

« Il a vaincu la barbarie sur la terre d'Afrique, témoin des premiers faits d'armes des princes de ma famille; c'est lui qui vaincra la barbarie nouvelle dont le monde est menacé.

« Je le confierai sans crainte à la vaillance de notre armée ; il n'a jamais suivi, on le sait, que le chemin de l'honneur.

« Je l'ai reçu comme un dépôt sacré du vieux Roi, mon aïeul, mourant en exil ; il a toujours été pour moi inséparable du souvenir de la patrie absente; il a flotté sur mon berceau, je veux qu'il ombrage ma tombe.

« Dans les plis glorieux de cet étendard sans tache, je vous apporterai l'ordre et la liberté.

« Français,

« Henri V ne peut abandonner le drapeau blanc d'Henri IV.

« HENRI.

« Chambord, 5 juillet 1871. »

Mais la nation aussi, elle en a le droit, veut conserver son drapeau. Le comte de Chambord, affirme-t-on, a creusé de nouveau l'abîme qui commençait à se combler.

C'est donc sur ce nouveau terrain qu'il faut se placer. Il importe de savoir quel est le vrai drapeau de la France, et nous allons, pour éclairer l'opinion, faire l'historique des deux drapeaux.

II

LES DEUX DRAPEAUX

I. — Le drapeau tricolore.

Nous empruntons à l'un des organes les plus autorisés de la presse méridionale, les détails suivants que confirment nos propres recherches (1).

« La version la plus accréditée sur la naissance du drapeau tricolore est celle qui le tire de l'accouplement du rouge, couleur de la noblesse, du bleu, couleur du clergé, et du blanc, couleur de la royauté et de la nation. Dans cette explication, il n'y a que le dernier terme qui soit exact, le blanc étant, en effet, la couleur royale et nationale. Mais

(1) *Gazette du Languedoc*, 18 juillet 1871.

le symbolisme qu'on voulait attribuer au drapeau tricolore, n'a été inventé qu'après coup et n'a nullement présidé à son adoption. La vérité est *que le drapeau est issu des loges maçonniques* comme la révolution et en même temps que la révolution. Les loges, comprenant qu'il fallait soulever la nation et l'armer pour la révolutionner, organisèrent à Paris l'émeute qui aboutit à la prise de la Bastille, en même temps qu'elles semaient dans toute la France cette panique des brigands imaginaires qui fit que le peuple se leva et s'arma partout, croyant s'armer pour résister à un danger réel. Le tour était joué, et la garde nationale inventée.

« Or, à ce peuple en arme, il fallait un signe de ralliement, une cocarde, un drapeau, un symbole, et la franc-maçonnerie lui donna le sien. Ceci est si évidemment prouvé par des documents irréfutables que nous croyons inutile d'insister. Les auteurs maçons les plus autorisés en font du reste l'aveu. Maintenant il s'est trouvé que le tricolore était aussi, en même temps que la couleur maçonnique, la couleur de la livrée de la Maison d'Orléans ; mais les d'Orléans n'avaient cette livrée tricolore qu'en leur qualité de cadets de la Maison de France. Le tricolore était la couleur de la livrée de toute la Maison royale des Bourbons ; elle avait été celle de Louis XIII, de Louis XIV, de Louis XV. Dans tous les cas, les introducteurs du drapeau tricolore comme drapeau national ou plutôt comme drapeau de la révolution, ne se préoccupèrent nullement des couleurs que pouvait porter la maison d'Orléans. Ils nous donnèrent les trois couleurs parce que c'étaient celles de leur secte, parce qu'ils les tenaient des Templiers, qui eux-mêmes les avaient empruntées aux sociétés secrètes et révolutionnaires de l'Orient. »

Cette origine est la seule acceptable ; les amis du drapeau tricolore ne voudraient pas, et ils auraient raison, revendiquer une livrée princière.

Le drapeau tricolore est donc le vieux symbole des doctrines anti-sociales qui, à travers les temps, ont mené leur travail ténébreux contre la religion, cette grande ennemie qu'elles poursuivent sans trève dans leur révolte constante contre la société. Ces doctrines sont le mal incarné quelle que soit la forme qu'elles revêtent : philosophisme, politique modérée, socialisme hardi. Dans les écoles, dans les chancelleries, sur les barricades, partout leur mot d'ordre est le même : c'est le *non serviam* lancé contre Dieu, et qui, en renversant ici-bas tout ce qui a un caractère divin : l'Eglise, l'autorité, la famille, l'ordre, la vraie liberté, a perverti le monde. Ce drapeau, que la surprise imposa au peuple et qu'il accepta sans réflexion, est-il bien le drapeau de la France ?

Etaient-ils la nation ces bandits qui menaient une populace affolée à la prise de la Bastille, prison d'Etat de la noblesse, où jamais homme du peuple n'était entré ? Etaient-ils la nation les septembriseurs qui agitaient le drapeau tricolore sur les cadavres palpitants de leurs victimes ? Représentait-elle la nation, cette foule rendue lâche par la terreur, qui assistait muette et atterrée au meurtre de son roi ?

Non, en 1789, la nation était unie au roi, qui avait comme elle de loyales aspirations de liberté. C'est ce grand mouvement national que M. le comte de Chambord a déclaré vouloir reprendre. Lui seul peut redemander à la tombe sanglante du royal martyr du 21 janvier, le trésor de nos libertés, enseveli avec lui par les régicides.

En 1790, l'oriflamme des fédérés, béni au Champ-de-Mars par l'évêque d'Autun, fut d'azur à fleurs de lis d'or (1).

Ce n'était autre chose que les couleurs de l'écu de France, acceptées comme symbole d'union de la nation et de la royauté, véritable vœu de la France, confirmé par tous les cahiers des Etats généraux. Ce vœu si raisonnable était aussi celui des Girondins (2). A leur mort, la France disparaît

(1) Général Bardin, *Dict. de la Conv.* Voir ORIFLAMME.

(2) Les Girondins, politiques plus généreux que clairvoyants, eurent le tort de supposer leur bonne foi à leurs adversaires et expièrent, sur l'échafaud, la lâcheté criminelle qui souilla à jamais leur nom du sang d'un roi, dont ils estimaient le caractère et dont ils partageaient les idées sages et libérales sur la monarchie constitutionnelle.

dans le chaos. Les armées de la Convention, avec le courage que porteront partout des Français sous les armes, défendaient nos frontières, et non les sectaires de Paris qui terrorisaient la France.

Comment prétendre que ces armées représentassent la nation quand on sait que la meilleure partie des volontaires qui les composaient, placée entre l'échafaud et les fusils des Alliés, préférait courir les chances des combats, et que les séides des Jacobins suivaient les troupes avec la sinistre guillotine dont le couperet disputait les têtes des généraux et des soldats aux hasards des batailles.

En ces tristes temps, la nation française remplissait les charrettes des échafauds, gémissait dans les prisons, errait sur la terre étrangère, succombait en Vendée et en Bretagne au cri de « Dieu et le Roi, » et, à la nouvelle du supplice des Girondins, se soulevait dans 70 départements : c'était là la véritable France, tyrannisée par une poignée de brigands, sortis des bas-fonds de toutes les positions sociales (1).

(1) On ne comprendrait jamais ni l'ivresse sanguinaire, ni le pouvoir étonnant de ces bandits, si on n'y voyait pas des fléaux de Dieu, envoyés pour châtier les vices et l'impiété du dix-huitième siècle et régénérer, dans le sang du meilleur des rois, la royauté déchue sous Louis XV. Mais il est bon ici de noter ce fait que la Révolution, qu'on se plaît à représenter aux masses, armée uniquement contre le clergé et la noblesse, compte, parmi le peuple et la petite bourgeoisie, les deux tiers de ses victimes, dont le total s'élève à 4 millions 27 mille hommes, femmes et enfants.

Tel fut le berceau sanglant du drapeau tricolore : qui oserait dire qu'il est né d'une aspiration nationale !

Napoléon, ce soldat heureux, recueillit avec le despotisme révolutionnaire le drapeau de la Révolution, et l'entoura d'une auréole de gloire qui eût suffi à faire oublier son origine ; mais les triomphes de l'Empire, payés par trois invasions, fruits de ses glorieuses mais injustes victoires, par le sang de nos soldats versé sans mesure, par les larmes du peuple réclamant en vain ses enfants, par la tyrannie à l'intérieur, et au-dehors par la haine et la vengeance des nations, ont été maudits de la France ; ils n'ont pu être rachetés par les prodiges de valeur et d'héroïsme des soldats qui suivaient Bonaparte à la conquête du monde.

Le drapeau tricolore reparaît en 1830, rapporté par la révolution triomphante.

En 1848, la République le maintient et répudie le drapeau rouge, arboré définitivement par la Révolution en haine de l'Empire et de la monarchie de Juillet. Le drapeau tricolore a un moment d'honneur national le jour où, triomphant à Rome, il se retrempe dans une noble et sainte cause, efface ses souvenirs sanguinaires et devient le drapeau avouable d'un parti. Ce résultat, dont bénéficieront à jamais les républicains, ne leur est pourtant pas dû : alors, comme en 1860, le gouvernement fut forcé de soutenir le Saint-Père pour satisfaire l'opinion de la majorité du pays, qui renie toute affinité républicaine.

En France, trois expériences nous l'ont prouvé, la République engendre fatalement la révolution, qui, dès qu'elle se sent assez forte pour se passer de tutelle, assassine sa mère et lui préfère le césarisme avec lequel elle contracte une infâme union, dont les fruits désastreux sont l'abaissement des caractères, la démoralisation et l'invasion étrangère. Tel a été le gouvernement du Deux-Décembre.

Le drapeau tricolore s'allia donc de nouveau aux aigles des Césars ; il suivit et dirigea leur vol déplorable (1). Nous les voyons unis en Italie, où, par une folle haine contre le catholicisme, ils fondent cette unité italienne, d'où est sorti le flot allemand qui nous a engloutis.

A Sedan, l'empire ensevelit son drapeau dans la boue ; et les *fous furieux* (2) qui mirent le triomphe de la République au-dessus du salut de la France, le tirèrent de cette tombe honteuse pour le laisser retomber entre les mains des Prussiens.

(1) En Crimée et en Syrie, guerres vraiment nationales dont le gouvernement n'a pas su profiter, la bravoure de nos soldats porta haut le drapeau qui flottait à leur tête. Mais quel que soit le drapeau qu'entoureront des Français, il sera toujours environné d'héroïsme. Ceci est dit abstraction faite de la couleur du drapeau dans lequel nous ne voyons que l'idée qu'il représente.

(2) M. Thiers a qualifié ainsi, devant l'Assemblée nationale, la délégation de Tours et de Bordeaux. (Séance du 8 juin 1871.)

L'Empire est mort, la République a été vaincue, leur drapeau a suivi leur fortune.

Pense-t-on qu'à force de valeur et de sang on puisse le laver de sa honte? Non, car la valeur et le plus pur sang de la France n'ont pu l'empêcher de rouler dans la fange. Cependant, l'héroïsme des Français dans cette dernière guerre ne saurait être dépassé, il a égalé la folie de leurs gouvernants.

Chassé de Paris par le drapeau rouge, le drapeau tricolore n'y est rentré triomphant que grâce à la sagesse des partis monarchiques, secondés par la bravoure inépuisable de nos soldats. Mais l'idée dont il est l'emblême n'impose plus à personne, et c'est à ses représentants qu'à l'étranger on ose dire : La France n'existe plus (1) !

(1) Le *Soir* donne de nouveaux détails sur l'affaire d'Alexandrie. Parmi les principaux griefs articulés par les Français contre le gouvernement égyptien, voici le huitième :

« Accueil plus que grossier fait aux documents envoyés par « M. Trican, consul du Caire au gouverneur de la ville, lequel « a pris lesdits documents de la main du cavas, les a déchirés « en morceaux et les lui a jetés à la figure, en lui disant que « son consul n'était rien, que la France n'existe plus. »

Hélas! les républicains unis à l'Empire nous ont rendu matériellement incapables d'exiger la réparation de cet affront, comme, ainsi que le constatait M. Thiers, de protéger le Saint-Siége.

II. — Le Drapeau blanc.

Le blanc est vraiment notre couleur nationale ; née dans les Gaules en même temps que les Gaulois, les Francs l'ont reçu du peuples conquis. « Les Gaulois n'ont pas choisi le blanc ; pour eux, il était d'instinct, et leurs enseignes blanches semblent nées avec eux. » Ainsi s'exprime Villehardouin, contemporain de saint Louis et historien des croisades (1). Et Rabelais dit : « C'est la cause pourquoy Galli (ce sont les Françoys ainsi appelez, parceque blancs sont naturellement comme laict, que les Grecs nomment *Gala*) voulontiers portent plumes blanches sur leurs bonnets, car par nature ils sont joyeulx, *candides*, gratieux, et pour symbole et enseigne ont la fleur plus que nulle autre blanche, c'est le lys (2). »

Aussi verrons-nous le blanc dominer dès que la royauté aura accompli l'œuvre d'affranchissement qui a été sa grande œuvre nationale, et que des populations serves de la glèbe elle aura fait un

(1) D'autres historiens constatent que presque tous les corps de croisés qui partirent de France marchèrent rangés autour d'une bannière blanche, et cela parce que le blanc était la couleur de la nation sans être encore cependant sa couleur officielle.

(2) *Pentagruel*, ch. X.

peuple libre. Car nul plus que la royauté n'a été l'adversaire des droits féodaux, dont l'ignorance et la mauvaise foi la font inséparable ; c'étaient ses ennemis naturels ; elle les a combattus sans cesse, donnant aux villes, pour les soustraire à la domination des seigneurs, des franchises communales que nous envions aujourd'hui.

Les deux premières races n'ont pas de drapeau : la chape bleue de saint Martin les menait à la victoire. Plus tard, sous Louis VI, elle est remplacée par l'oriflamme rouge de saint Denis, imposée au roi, comme seigneur du Vexins, par les moines de Saint-Denis (1). Sous Philippe-Auguste, en 1180, l'étendard royal est blanc, parsemé de fleurs de lis d'or (2). Ses successeurs ne semblent pas l'avoir changé ; nous trouvons le blanc dominant aux croisades, et ce n'est que deux siècles après, en 1380, que Charles VI donna à l'étendard la couleur bleue et le partagea par le milieu d'une croix blanche (3). A la mort de ce malheureux prince, le royaume était aux mains des Anglais ; la France

(1) Mais il ne faut pas oublier que l'oriflamme est l'enseigne religieuse et qu'elle se portait sans préjudice de l'étendard qui était séculier. A cette époque, les rois de France n'étaient que les premiers seigneurs de leur royaume et choisissaient comme eux à leur gré la couleur de leur étendard. Les milices des villes avaient aussi la leur.

(2) Général Bardin, *Dictionnaire de la conversation.*

(3) Général Bardin, *Dictionnaire de la conversation.*

semblait perdue : Dieu suscita alors Jeanne d'Arc. « Elle voulut un étendard et désigna la manière dont il devait être peint. D'après la description qu'elle en a donnée dans son interrogatoire, cet étendard était d'une toile blanche appelée alors *boucassin*, et frangée en or; sur un champ blanc semé de fleurs de lis était figuré le Sauveur des hommes, assis sur son tribunal dans les nuées du ciel et tenant un globe dans ses mains; à droite et à gauche étaient représentés deux anges en adoration; l'un d'eux tenait une fleur de lis sur laquelle Dieu semblait répandre ses bénédictions. Les mots Jesus, Maria étaient écrits à côté (1). »

Sous l'égide de leur couleur nationale, les Français, conduits par Jeanne d'Arc, reconquirent leur royaume, et Charles VII conserva la couleur libératrice (2).

(1) *Biographie universelle.*

(2) « L'entrée de Charles VII à Paris présente une innova- « tion remarquable en ce que l'enseigne du roi était blanche, « au lieu d'être rouge comme par le passé. C'est là, nous le pen- « sons, la première apparition du drapeau blanc dans l'histoire « et voici ce qui motiva ce changement. Jusqu'aux premières an- « nées du XVe siècle, le blanc avait été la couleur nationale des « Anglais et le rouge la couleur nationale des Français; mais « quand les rois d'Angleterre eurent réclamé la souveraineté du « royaume de France, ils en adoptèrent la couleur, et les rois « de France, à leur tour, pour établir entre eux et leur compéti- « teurs une distinction nettement tranchée, prirent la couleur du « lis, qu'ils regardaient comme l'antique symbole de leur mo- « narchie. La bannière de Charles VII fut donc en réalité l'emblême

« Louis XI, par respect pour la mémoire de son père, la dignité de sa couronne, et sa dévotion à la Vierge, à laquelle le blanc était consacré, conserva la même bannière que son père, et depuis elle s'est perpétuée sans changement jusqu'à la Révolution française (1). »

Jusqu'à Louis XIV, il n'y avait pas d'organisation militaire définitive ; l'armée n'avait pas même d'uniforme. Ce roi, en l'organisant telle qu'elle est encore aujourd'hui, lui donna à cette occasion un drapeau, le même pour tous les régiments, lesquels auparavant en avaient un différent, dont la couleur et la forme variaient au gré du colonel ; ce drapeau fut blanc. « L'ordonnance de Louis XIV est motivée sur ces considérations remarquables, que le

« d'une grande protestation politique. » (*Les Arts somptuaires....*, sous la direction de Haugard-Maugé.)

Ici l'historien se trompe. Voici ce qui ressort des articles assez embrouillés du général Bardin : — Le rouge n'était pas la couleur des Français, mais celle de l'oriflamme de saint Denis, que nos rois avaient dans les batailles et rapportaient à Saint-Denis après la guerre. Sous Charles VI, les Anglais s'emparèrent de cet oriflamme et en prirent la couleur pour affirmer leur prétention sur la France. Jeanne d'Arc en choisit un nouveau qui se trouva à être de la couleur de la nation en même temps que de celle de la royauté ; puis Charles VI l'avait, et on ne sait pourquoi, changé. On dirait vraiment que la Providence a toujours voulu épargner au drapeau blanc la honte des invasions étrangères.

(1) *Les Arts somptuaires....*, sous la direction de Haugard-Maugé.

drapeau blanc devient désormais l'unique drapeau du peuple et de l'armée, parce que le drapeau blanc est la couleur de la maison royale et a été de tout temps la couleur de la nation française (1). »

Quel jour lumineux l'ordonnance de Louis XIV — qui, certes, n'a pas été faite pour les besoins de notre cause — jette sur cette question, en affirmant officiellement l'union intime du roi et de la nation !

Parler des gloires du drapeau blanc et raconter ses vicissitudes, dans lesquelles parfois tout fut perdu *fors l'honneur*, ce serait retracer l'histoire entière de la France ; nous ne pouvons faire ici un récit si étendu ; disons seulement qu'avant de disparaître dans la tourmente révolutionnaire, son dernier exploit assura l'indépendance de l'Amérique ; sous la Restauration, il affirma de nouveau son amour pour la noble cause de la liberté, en affranchissant la Grèce, et, pour adieu, légua l'Algérie à la France. Dans la dernière guerre, au milieu de capitulations et de défaites sans exemple, que ne purent empêcher la bravoure des soldats ni l'héroïsme des chefs, nous voyons le drapeau blanc guider les légions de Charette et de Cathelineau, les seules qui aient pu conserver intact le vieux prestige des armes françaises.

(1) *Gazette du Languedoc*, 18 juillet 1871.

III

LE DRAPEAU DE LA FRANCE

Les républicains adoptent la version, fausse, nous l'avons vu, mais la plus accréditée, qui admet que le drapeau tricolore est l'assemblage des couleurs de la noblesse (le rouge), du clergé (le bleu), de la nation et de la royauté (le blanc). Si l'on raisonne dans cette hypothèse, la plus favorable à leur cause, on est en droit de demander aux républicains pourquoi ils perpétuent les traces des ordres politiques de la noblesse et du clergé à jamais disparus. A moins de vouloir conserver des souvenirs qui ne peuvent être que des sujets de divisions, la logique les condamne à supprimer les couleurs rouge et bleue, désormais sans signification dans l'Etat. Il ne reste plus alors que la couleur blanche, c'est-à-dire celle de nos ancêtres, adoptée par nos rois. Ainsi, le drapeau national s'offre aux yeux de tous avec la même évidence que la solution d'un problème mathématique, dégagé de ses termes inutiles. Et la nation se trouve en face de son roi, rien ne s'opposant plus à leur union.

Que les faux amis des princes d'Orléans cessent de dire que le manifeste a creusé un abîme entre les deux branches. La loyauté du comte de Chambord a excité une louable émulation dans les partis. Sur ce terrain, on ne peut manquer de s'entendre ; déjà les équivoques disparaissent, et nous savons maintenant qu'un seul obstacle, la République, sépare la nation de la royauté. C'est aux princes d'Orléans de se demander s'ils sont monarchistes ou républicains.

En effet, avec une ingénuité qui n'a d'égale que la franchise de M. le comte de Chambord, M. Emmanuel Arago s'est fait le porte-drapeau de la République. « Un manifeste, a-t-il dit (1), a fait connaître le drapeau d'un parti ; nous, républicains, nous déciderons que nous n'abandonnerons jamais le nôtre ; la France choisira entre nous. »

On le voit, en affirmant, la main sur l'histoire, que le drapeau tricolore n'était pas le drapeau de la nation, nous ne nous trompions pas.

M. le comte de Chambord dit : « La parole est à

(1) Assemblée nationale, 13 juillet 1871.

la France, et l'heure est à Dieu. » La République répond : « La France choisira entre nous. » C'est noble et juste. Ce défi donne à la cause républicaine une dignité que de faux frères lui avaient ôtée jusqu'ici. Ces questions doivent se résoudre dans l'arène électorale ; là seulement le peuple est vraiment souverain.

Que tous les Français aient, comme M. Arago, le courage d'imiter la loyauté de M. le comte de Chambord ; que chacun prenne en main son drapeau, le tienne haut et ferme, et l'on verra bien si le drapeau de la France est blanc ou tricolore en voyant si elle est monarchiste ou républicaine.

Le résultat ne nous inquiète pas, c'est la main sur le cœur de la patrie que nous avons étudié ses besoins et ses désirs.

La France est monarchique : la bannière de saint Louis, rappelée par le peuple, vaincra la Révolution, dissipera l'Internationale dont les torches incendiaires menacent nos personnes et nos propriétés, et dont les doctrines, plus désastreuses encore, aboutissent à l'anéantissement du monde social. L'étendard de Jeanne d'Arc chassera l'étranger ; il nous rendra l'Alsace et la Lorraine conquises par nos rois. L'oriflamme de François Ier relèvera notre honneur ; le panache d'Henri IV assurera au peuple la paix et la prospérité ; le drapeau de Louis XVI nous dotera de la liberté et de l'égalité parfaites, basées sur l'ordre, qu'il a su fonder dans le Nouveau-Monde, et qu'après quatre-vingts ans d'essai le drapeau tricolore est impuissant à nous donner.

Alors se réalisera cette vision prophétique d'un ami désintéressé de la royauté et d'un serviteur dévoué de la France, méditant sur la mort du roi martyr :

« Ne criez point que le juste marchant à l'échafaud est faible, car vous ne comprendriez pas le mystère de cette journée. Désormais la royauté sera revêtue du sang qui a coulé, comme d'un nouveau baptême ; dans le cœur et dans l'esprit des peuples elle s'appelait Louis XV, maintenant elle s'appellera Louis XVI, et ce nom la rend immortelle. Mystère étange ! c'est le roi que l'on tue et c'est la République qui meurt. La République! Pendant des siècles elle sera marquée au front du sang du juste, et, chaque fois qu'elle se présentera, les peuples lui crieront, frémissant de terreur et pâles d'indignation : « C'est toi qui l'a tuée ! » A partir de ce jour, les expiations de la liberté effraieront le monde ; la liberté, ballottée du despotisme du palais au despotisme de la rue, jusqu'à cette heure marquée où, resplendissante de jeunesse et de puissance, la royauté de l'avenir ira au-devant de cette pauvre exilée, et consommant les grandes fiançailles des deux principes qui dominent la terre, réhabilitera la liberté par ses embrassements, et la fera asseoir sur son trône, aux yeux de l'Europe étonnée, et sous les bénédictions du grand échafaud (1) ! »

Et nous aurons encore des jours de gloire et de bonheur. L'épée de Clovis et de Charlemagne imposera le respect au monde (2) ; à l'ombre du drapeau blanc, les peuples nous tendront, à l'envi, la main dont ils nous frappent aujourd'hui.

Elles l'ont compris, ces nobles populations de l'Ouest qui, sachant la présence au milieu d'elles du descendant de nos rois, sont accourues jeter des fleurs sous ses pas (3), et souhaiter la bienvenue au fils de France par les vieux vivats, qui seront bientôt nos cris de victoire : Vive la France ! Vive le Roi !

(1) *Les ruines morales et intellectuelles,* par Alfred Nettement.

(2) « On se dira que j'ai la vieille épée de la France dans la « main, et dans la poitrine ce cœur de roi et de père qui n'a « point de parti. Je ne suis point un parti, et je ne veux pas « revenir pour régner par un parti. Je n'ai ni injure à venger, ni « ennemi à écarter, ni fortune à refaire, sauf celle de la France, « et je puis choisir partout les ouvriers qui voudront loyalement « s'associer à ce grand ouvrage.

« Je ne ramène que la religion, la concorde et la paix, et je « ne veux exercer de dictature que celle de la clémence, parce « que dans mes mains et dans mes mains seulement, la clémence « est encore la justice.

« La parole est à la France et l'heure est à Dieu.

« HENRI. »

8 mai 1871.

(3) Voir le récit du *Figaro* du 21 ou du 22 juillet. Séjour d'Henri V à Chambord. — Riches et pauvres se pressaient sur sa route, et les bouquets pleuvaient si nombreux qu'on ne savait où les mettre.

Oui, vive la France! ce vœu doit dominer tous les autres ; l'écho patriotique lui répondra : Vive le Roi! Et les Français réconciliés, unis autour du drapeau blanc, continueront à travers les siècles leur mission providentielle. A cette nouvelle les peuples frémiront de bonheur, ils salueront avec ivresse la réapparition de la main puissante et secourable de la France, effroi des tyrans, espoir du faible, ennemie des despotes, soutien de la liberté et, comme le disait hier M. le comte de Chambord, on verra encore les *Gesta Dei per Francos.*

FIN

TOULOUSE, TYPOGRAPHIE L. HÉBRAIL, DURAND ET Cie
5, Rue de la Pomme, 5.

www.ingramcontent.com/pod-product-compliance
Lightning Source LLC
LaVergne TN
LVHW010059230826
846091LV00005B/2011

* 9 7 8 2 0 1 2 3 9 8 5 8 0 *